彩る 装う 花刺繡
Flower embroidery

井沢りみ

salvia

マカベアリス

森本繭香

日本文芸社

CONTENTS

Alice Makabe

野花のブローチ _____ 04 / 59, 60
ブローチのためのサンプラー _____ 07 / 60
ミニポーチとメガネケース _____ 08 / 61
草花の数字のサンプラー _____ 09 / 62
小花刺繍のプルオーバー _____ 10 / 63
小さな草花のサンプラー _____ 11 / 64
白い花柄のミニバッグ _____ 12 / 65
連続模様のサンプラー _____ 13 / 66

マカベアリス

刺繍作家。手芸誌への作品提供、個展、企画展への参加、ショップでの委託販売などで活動中。繊細な草花や風景の作品を得意とし、草花のブローチは特に人気。ワークショップなども各地で行う。https://makabealice.jimdo.com/

Rimi Izawa

小花のキャミソール _____ 14 / 68
カロチャ刺繍のサンプラー _____ 15 / 68
アイレット刺繍の
ドイリーとオーナメント _____ 16 / 69, 70
ドイリーのためのサンプラー _____ 17 / 69
オーナメントのためのサンプラー _____ 17 / 69
バッグのためのサンプラー _____ 17 / 72
ポイント刺繍のフリルバッグ _____ 18 / 71
バッグのためのサンプラー _____ 19 / 72, 79
イーラーショシュの
ショルダーバッグ _____ 20 / 73
花の連続模様のサンプラー _____ 21 / 75
花刺繍のトラベルポーチ _____ 22 / 76
ポーチのためのサンプラー _____ 23 / 77
花刺繍のブラウス _____ 24 / 78
カロチャ刺繍のサンプラー _____ 25 / 78

井沢りみ

ハンガリーで約4年間暮らした際に、ハンガリー各地に伝わる伝統刺繍を習う。多様なハンガリー刺繍をアレンジし、小物などに仕立てる傍ら、不定期でワークショップを開催。WEB SHOPでは、ハンガリー刺繍糸やオリジナルのキットを扱う。https://varweb.jimdo.com/

刺繍をはじめる前に _____ 44
刺繍のステッチの種類 _____ 46
図案と刺し方 _____ 59

salvia

宵待草のコインケース _____ 26 / 80
コインケースのためのサンプラー _____ 27 / 81
花モチーフのハンカチ _____ 28 / 82
ハンカチのためのサンプラー _____ 29 / 82
コスモスのエスパドリーユ _____ 30 / 83
コスモスのサンプラー _____ 31 / 83
幾何学模様の花ブローチ _____ 32 / 84
ブローチのためのサンプラー _____ 33 / 84
フェルトワッペンと刺繍の壁掛け _____ 34 / 85
壁掛けのためのサンプラー _____ 35 / 85

Mayuka Morimoto

花のアクセサリー _____ 36 / 86
アクセサリーのためのサンプラー _____ 37 / 87
連続模様のつけ襟 _____ 38 / 88
花の連続模様のサンプラー _____ 39 / 90
野花のかごカバー _____ 40 / 91
野花のモチーフのサンプラー _____ 41 / 92
ひなぎくのカーディガンとポーチ _____ 42 / 93,94
ひなぎくのサンプラー _____ 43 / 95

salvia（サルビア）
グラフィックデザイナー・手芸家のセキユリヲを中心とした、暮らしを豊かにするアイテムを展開する活動体。東京 蔵前にあるアトリエ兼ショールームの「salvia」では、ブローチや刺繍作品なども含む、雑貨やアクセサリーも販売。
http://salvia.jp/

森本繭香
北海道在住。海外の手芸用品を豊富に扱うWEB SHOPを営みながら、手芸誌への作品提供を行う。フランスなど海外の出版物などにも精密な動物や草花の刺繍作品のレシピを提供し、連載も続けている。
http://kumabo.chelin-chelin.shop-pro.jp/

Alice Makabe
野花のブローチ

Design & make... マカベアリス
図案と刺し方... p.59, 60

ひなげし

朝顔

ビオラ

野ばら

ひなげしや朝顔、マーガレットやビオラ、たんぽぽに野ばらなど、季節ごとの野の花をブローチに。装いのなかにプラスするだけで、和やかな気持ちになれそう。いくつも作って飾っておけば、眺めるたびに癒されます。

たんぽぽ

マーガレット

ブローチのためのサンプラー

Design & make ... マカベアリス
図案と刺し方 ... p.60

白いリネン生地に野の花の刺繍レッスン。小さな額に入れて飾っておきたい愛らしい草花たちは、少しの時間で刺せるので、日々の空いた時間で仕上がります。裏に接着芯を貼って刺すと比較的きれいに。

Alice Makabe

ミニポーチとメガネケース

Design & make_ マカベアリス
図案と刺し方_ p.61

数字のサンプラーの中から、好きな数字を好きな色で施したポーチ。ベースやどこか1カ所に白を入れると、引き締まった印象に。ばね口のポーチの仕立て方も掲載しているので、好きな布で作れます。

草花の数字のサンプラー

Design & make ... マカベアリス
図案と刺し方 ... p.62

1〜0までの数字を、植物たちの息吹を感じる春らしいやさしい色合わせで仕上げたサンプラー。ハンカチや、バッグなど市販のものに自分のラッキーナンバーを刺繍してみるのもおすすめです。

小花刺繡のプルオーバー

Design & make... マカベアリス
図案と刺し方... p.63

市販の白いプルオーバーに、小花を肩や裾に刺繡してみませんか？ 刺繡を施すアイテムによって、配置する場所はお好みで。ピンクの花や淡い黄色の花にブルーの茎など、心ときめく色合いです。

小さな草花のサンプラー
Design & make __ マカベアリス
図案と刺し方 __ p.64

プルオーバーに刺繍したものが春や夏なら、こちらのサンプラーは少し落ち着いたカラーで秋っぽいイメージ。同じ花でも選ぶ色によって全く印象が変わります。たくさん刺繍できれば、秋の森を作ってみても。

Alice Makabe

白い花柄のミニバッグ

Design & make___ マカベアリス
図案と刺し方___ p.65

マーガレットをモチーフにしたサンプラーを、バッグの表側全面に刺繍すると花柄のテキスタイルに。自分好みの花の生地が作れるので完成したときには感動が。バッグは仕立て方も掲載しています。

連続模様のサンプラー
Design & make マカベアリス
図案と刺し方 p.66

色合わせにうっとりするような、花の連続模様。右上はマーガレット、左下はビオラでその他はちいさなつぼみをモチーフに。上下左右に組み合わせて、オリジナルの花刺繍生地が作れます。

Alice Makabe

Rimi Izawa

小花のキャミソール

Design&make___ 井沢りみ
図案と刺し方___ p.68

市販のキャミソールに丸くぽってりとした小花を刺繍したもの。ハンガリーのカロチャ刺繍の特徴でもある鮮やかな色彩を、普段使いにも合うように淡い色彩にアレンジして。

カロチャ刺繡のサンプラー

Design & make___ 井沢りみ
図案と刺し方___ p.68

カロチャ伝統の鮮やかな色彩で刺繡したサンプラー。ポーチやハンカチにワンポイントで刺繡したり、キャミソールのように全体的に施したり。範囲が広い場合は、茎や葉の向きを変えてみても。

Rimi Izawa

アイレット刺繡の
ドイリーとオーナメント

Design & make 井沢りみ
図案と刺し方 p.69, 70

シオーアガールド刺繡の特徴のひとつ、アイレットエッジが華やかなドイリーとオーナメント。オーナメントは携帯電話やバッグにつけても。可憐な小さなバラもさまざまな色で楽しんで。

ドイリーのためのサンプラー
Design & make___ 井沢りみ
図案と刺し方___ p.69

バッグ(P.18左)のためのサンプラー
Design & make___ 井沢りみ
図案と刺し方___ p.72

オーナメントのためのサンプラー
Design & make___ 井沢りみ
図案と刺し方___ p.69

左上_ドイリーの模様を紫と青のシックな色合いに。ハンガリー南部の小さな村で発達したシオーアガールド刺繍の独特なアイレットエッジは、ブラウスやベストの縁を飾る民族衣装に使われる。　右_P.18のバッグのポイントにしたベーケーシュ刺繍。　左下_オーナメントのモチーフを伝統の色で。

ポイント刺繍の フリルバッグ

Design & make___ 井沢りみ
図案と刺し方___ P.71

カジュアルな柄の生地の上に刺繍を施した新鮮な雰囲気のフリルバッグ。ギンガムチェックにはベーケーシュ刺繍のモチーフを。ストライプには清楚な印象の初期のカロチャ刺繍の模様を。

a

b

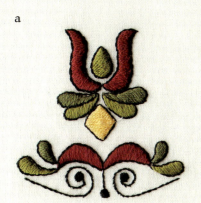

バッグ (P.18右) のためのサンプラー

Design & make__ 井沢りみ

図案と刺し方__ P.72, 79

左上_シックな色合いが特徴のベーケーシュ刺繡のサンプラー。 右上_ウーリ刺繡のサンプラー。貴族たちの間で好まれていたもので、金糸を用いて華やか。 下_色合いも図案もシンプルな初期のカロチャ刺繡。

イーラーショシュの
ショルダーバッグ

Design & make... 井沢りみ
図案と刺し方... P.73

オープンチェーンステッチとボタンホールステッチを密に刺すことで生まれる、素朴で独特な模様は、旧ハンガリー領のカロタセグ地方に伝わるイーラーショシュという刺繡です。黒糸をリネンの生地に合わせてシックに。

花の連続模様のサンプラー

Design & make＿ 井沢りみ
図案と刺し方＿ P.75

上＿イーラーショシュのサンプラー。太めの綿糸で刺していきます。 下＿ウドゥヴァルヘイ刺繍のサンプラー。花びらや葉は、ハミシュサテンステッチという方法で刺します。エプロンやスカートの裾などに施しても。

花刺繡のトラベルポーチ

Design & make___ 井沢りみ
図案と刺し方___ p.76

シオーアガールド刺繡を施した、旅に便利なトラベルポーチは仕立て方も掲載。ギンガムチェックの柄に合わせて連続した花模様を施して。チェックと同系色にすると大人っぽくまとまります。

ポーチのためのサンプラー

Design & make ... 井沢りみ
図案と刺し方 ... p.77

右_シオーアガールド刺繍。小花をつなげて縦に並べました。　左上_シャールクズ刺繍。ビーボルステッチという、レンガを積み上げていくようなステッチで。　左下_マチョー刺繍。独特なバラのモチーフを赤と紺の糸で刺します。

花刺繡のブラウス

Design & make___ 井沢りみ
図案と刺し方___ p.78

市販のスモックの袖に刺繡し、その上下や胸開きからのフロントなどにレースをあしらったもの。アイデア次第で襟まわりだけに花柄を施したりしてもかわいい。白地に黒だとシックな雰囲気でまとまります。

カロチャ刺繡のサンプラー

Design & make ... 井沢りみ

図案と刺し方 ... p.78

上_初期のカロチャ刺繡。シンプルな柄なので、大きな面に刺しても比較的短時間で仕上がります。色合わせ次第でシックにもかわいい感じにも。
下_カロチャ刺繡独特の、野の花を束ねたような素朴でカラフルなモチーフ。

salvia
宵待草のコインケース
（よいまちぐさ）

Design___ salvia　Make___ 佐々木 愛

図案と刺し方___ p.80

ざっくりしたリネンの生地に施した宵待草がモチーフの花刺繡。ウールと綿糸の刺繡糸を使った、質感の違いもかわいいアイテム。型紙を使ってがま口に仕立てれば、コインケースにもポーチとしても。

コインケースのためのサンプラー
Design salvia Make 佐々木 愛
図案と刺し方 p.81

水色とオレンジ色っぽいブラウンのコントラストある色が、白い花びらを浮き立たせる色合わせ。好きな色のリネン生地でアレンジするときは、葉っぱの色は生地との反対色などを選べば上手くまとまります。

花モチーフのハンカチ

Design__ salvia Make__ 佐々木 愛
図案と刺し方__ p.82

四角いハンカチの一角だけクロスステッチ刺繍を施したハンカチは、お湯に溶けるタイプのキャンバス状のシートを使ったもの。モノトーンの柄なので、どんな色のハンカチでも相性良く仕上がります。

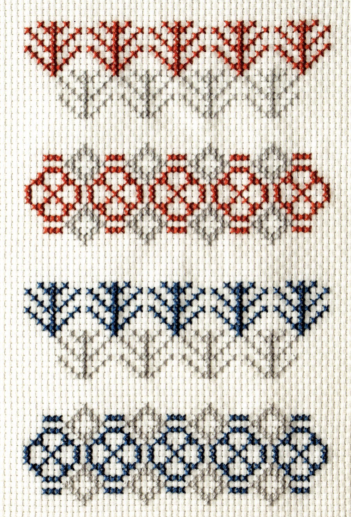

ハンカチのためのサンプラー
Design___salvia Make___佐々木 愛
図案と刺し方___p.82

クロスステッチ用のブロック織りの布に花モチーフを刺繍。連続した柄が、一部分だけでも横一列にずらっと並べてもかわいい。リネンの生成りや白の生地でキッチンクロスや、リネンタオルを作るのもおすすめ。

コスモスのエスパドリーユ

Design　salvia　Make　佐々木 愛
図案と刺し方　p.83

市販のエスパドリーユにウールの刺繍糸を
抜きキャンバスを使ってサテンステッチで
仕上げたもの。足の甲に直接あたるので
裏側の始末もきれいに。地の色に対して、
似た系統の色同士を選ぶと馴染みます。

コスモスのサンプラー

Design_salvia Make_佐々木 愛
図案と刺し方_p.83

コントラストの強い反対色を合わせたサンプラー。
元気な印象なので、バッグや、クッションカバー
など、ポイントにしてお部屋のアクセントにも。ウー
ルの糸のふわふわの質感が懐かしい雰囲気に。

幾何学模様の花ブローチ

Design... salvia Make... 佐々木 愛
図案と刺し方... P.84

春の草花を連想させる色合いのクロスステッチのブローチは、シンプルなコートやワンピース、バッグなどにつけて、装いのアクセントに。ひとつ襟元につけるだけで、いつものスタイルが新鮮に見えます。

フェルトワッペンと
刺繍の壁掛け

Design___ salvia Make___ 佐々木 愛
図案と刺し方___ P.85

a

b

カットしたフェルトシートをアイロンで貼りつけ、ウールの刺繍を施した壁掛けになる作品。刺繍枠をそのまま使っているところが楽しげです。立体的な花モチーフとやわらかな色彩に、見ているだけで癒されます。

壁掛けのためのサンプラー
Design _ salvia Make _ 佐々木 愛
図案と刺し方 _ p.85

地色を鮮やかな色にすると全く違った印象に。
生地色と白以外の色は3色までに収めるのがポイント。ウールとフェルトで、どちらもモコモコしているけれど、違ったニュアンスなのがかわいい。

Mayuka Morimoto
花のアクセサリー

Design & make... 森本繭香
図案と刺し方... p.86

精密な花のモチーフをアクセサリーとして。少しのスペースに刺繍して、市販のパーツで仕上げるだけなので簡単です。グラデーションの部分はバランスを見ながら、丁寧に。左からキーホルダー、ブローチ、ネックレス。

アクセサリーのためのサンプラー

Design & make___ 森本繭香
図案と刺し方___ p.87

シックな雰囲気のアクセサリーと同じモチーフでも、鮮やかな色だと全く違う花のよう。アクセサリーでビーズを使っている部分も刺繍にすると、ふんわりノスタルジックなイメージに仕上がります。

連続模様のつけ襟

Design & make___ 森本繭香
図案と刺し方___ p.88

くるくると上下に輪を作るツタのようなモチーフの花の刺繍を、連続して描いたつけ襟。つけ襟の仕立て方も掲載しているので、黒地に白い刺繍などで作っても。アジャスターつきで取り外しやすく作られています。

花の連続模様のサンプラー

Design & make＿ 森本繭香
図案と刺し方＿ p.90

つけ襟だけでなく、ハンカチの回りや、日傘などに施してもかわいい連続模様のサンプラー。ところどころにつけたビーズのきらめきが華やかさをアップ。ピンクの花は縦に連続して刺繍しても。

野花のかごカバー

Design & make__ 森本繭香
図案と刺し方__ p.91

市販のかごにカバーをつけるアイデア。カバーに赤い野花のモチーフを施せば、存在感が増し、そこにあるだけでお部屋の中が明るくなりそう。縁どりをした土台のウールの布に紐をつけるだけなので簡単です。

40

野花のモチーフのサンプラー

Design & make __ 森本繭香
図案と刺し方 __ p.92

花の部分はリボンをぐるぐると巻きつけて縫いとめ、茎の部分などを刺繍。ところどころにビーズを散らして、華やかな印象に。かごカバーからのアレンジで四隅に枠をつけているので、額に入れて飾っても。

ひなぎくのカーディガンとポーチ

Design & make... 森本繭香
図案と刺し方... p.93,94

ひなぎくをモチーフにした花刺繡。市販のカーディガンや手製のポーチに施して。同じパターンを使っていても、施すものによって全く印象が違うところが面白く、お揃いで作るのがおすすめです。

ひなぎくのサンプラー

Design & make___ 森本繭香

図案と刺し方___ P.95

ピンクの花と、淡い色合いのビーズで仕上げれば、とっても可愛らしい印象に。バッグなどに刺繍して、よそ行きアイテムとしても。散らした花びらの刺繍も可憐で、刺繍するのも楽しくなりそう。

刺繡を はじめる前に

ここでは、基本的な刺繡の方法、糸の扱い方やアイロンのかけ方までをご紹介します。

図案の写し方

一般的には、本のなかの図案（※）をトレーシングペーパーに写し、転写紙、トレーシングペーパー、セロハンの順に布に重ね、トレーサー（インクの出ないボールペンなどでも可）でなぞって写します。
※拡大の指示があるものは、拡大コピーしたものを図案として使用します。

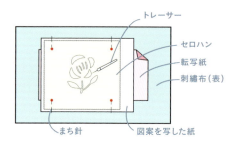

包装紙やセロハンを重ねて写すと、なぞるときのすべりがよくなり、図案の保護にも。

刺繡糸の扱い方

6本の細い糸がゆるく撚りあわされている25番刺繡糸は、1本ずつ引き抜いて使います。作り方にある「○本どり」という表記は、この細い糸を何本引き揃えて使うかを表しています。

ラベルは外さずに、糸端から6本ごと40〜50cmくらい引き出してカットして使う。必要な本数を引き抜き、揃えて使用する。

糸の通し方

引き揃えた糸や撚りのあまい糸など、通しづらい糸におすすめの通し方です。

1.
糸端を揃えて針穴のほうにかける。

2.
そのまま糸を上に抜く。

3.
折り山をつぶすようにして針穴に通す。

刺し始めと刺し終わり

■ **刺し始め**＿玉結びをするか、小さく返し縫いをして縫い始めます。

1.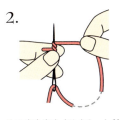

左手の人さし指に糸→針の順に、直角に交わるようにのせる。糸と針は親指と人さし指でしっかり押えておく。

2.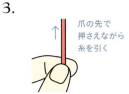

そのまま糸をくるくるっと針に2回巻きつける。

3.

指先で糸を巻いた部分をしっかり押さえたまま、針を抜く。

■ **刺し終わり**＿ 刺し終わりは、縫い始めと同様に玉結びでとめるか、縫い目に巻きつけて処理します。

線刺しの場合
一方向に糸を針目に巻きつける。

面刺しの場合
返し縫いの要領で、行って戻ってと針を通す。

仕上げの方法

■ **印を消す**
水で消える複写紙の印は、霧吹きなどで水をかけて消します。消す前にアイロンをかけると、印が布に定着してしまうことがあるので注意しましょう。

■ **アイロンをかける**
刺繍の部分をつぶさないように、キレイな白いタオルなどを敷き、刺繍した面を裏側にして上に置きます。アイロンは必ず布にあった温度に調整し（接着芯は焦げやすいので注意する）、霧吹きで水をかけて縦地を伸ばし、布を左右に引っ張ってしわを除きます。布の中央部分から外側に向かって、布を平らに落ち着かせるようにかけます（刺繍の部分は特に、軽くかける）。布を斜めに伸ばさないよう、布目に沿って丁寧にかけましょう。

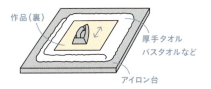

刺繍のステッチの種類

この本で使用しているステッチの種類と刺し方をご紹介します。
図案のなかでは「ステッチ」を「S」と省略しています。

アウトラインステッチ / Outline stitch

1.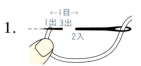
2.
3.

〈裏〉
裏面はこのような針目になる

コーチング / Couching

1.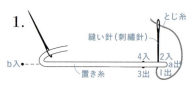
2.

〈表〉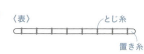

サテンステッチ / Satin stitch

1.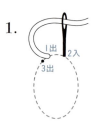
2.
3.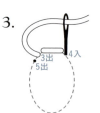
4.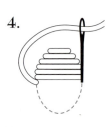

ストレートステッチ *Straight stitch*

チェーンステッチ *Chain stitch*

1.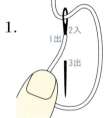
2.
3.
4.

フィッシュボーンステッチ *Fishbone stitch*

1.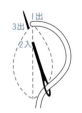
2.
3.
4.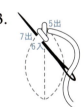

フレンチ・ノット＜2回巻き＞ *French knot*

1.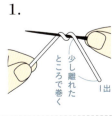

   少し離れたところで巻く

2.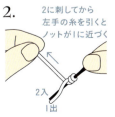

   2に刺してから左手の糸を引くとノットが1に近づく

3.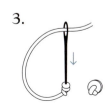

＜1回巻き＞

1.
2.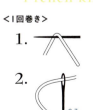

Making 47

フライステッチ / Fly stitch

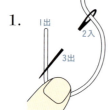
1.
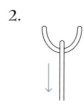
2.
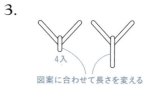
3.
図案に合わせて長さを変える

ブランケットステッチ(上)／ボタンホールステッチ(下) / Blanket stitch / Buttonhole stitch

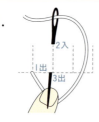
1.
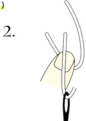
2.
3.

※間隔が広い・狭いで呼び方が変わることがあるが、刺し方は同じ。

ランニングステッチ(上)／ホルベインステッチ(下) / Running stitch / Holbein stitch

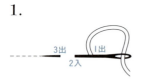
1.

2.

※並縫いと同じ要領。往復して刺すと下の写真のようになり(わかりやすいように色を替えている)ホルベインステッチに。

レイジーデイジーステッチ / Lazy daisy stitch

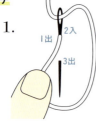
1.

2.

3.

4.

2で糸を強く引くと細い形になる

クロスステッチ

Cross stitch

刺繍糸を×にクロスして刺す技法で、図案は布に写さずに図案を見ながら刺し進める。
刺繍枠はお好みで使用する。

■ クロスステッチの布について

・専用のブロック織りの布
1ブロックが1マスになり、図のように刺す。

・布目の粗さ
専用の布では「65目／10cm」などと記載され、目数が多くなるほど布目は細かくなり、同じ図案でも刺繍の大きさが変わる。
例：「65目／10cm」と「45目／10cm」では、65目のほうが小さくなる。

・布目が数えられない布
布目が細かくて数えられない布に刺繍する場合は、P.57、58で紹介しているような、マス目の代わりとなる専用「水で溶けるシート」や「抜きキャンバス」などを使用する。

■ 刺し方__1つの作品の中では目の重なり方が同じになるように刺します。

<横に進む方法>

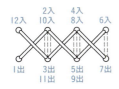

<1目ずつ横に進む方法>

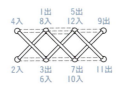

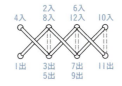

<縦に進む方法>

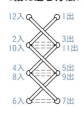

裏に糸が横に並び、斜めに糸を渡さない進め方

<1目ずつ縦に進む方法>

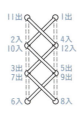

目の粗い布でも1目1目ふっくらして裏が縦にそろう進め方

<斜め下に進む方法>

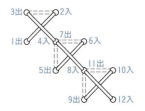

ハンガリーの刺繍

ハンガリー刺繍作家 井沢りみさんに教わる

マーケットでは、女性たちが刺繍したクロスなどが並ぶ

ハンガリー刺繍とは?

ヨーロッパのほぼ中央に位置するハンガリーは、西欧と東欧の文化が混ざり合い、ここで多様な刺繍が発達しました。地方ごとに異なる刺繍の文化(図案・テクニック・糸の配色・糸の太さなど)は独特で、華やかな色彩の**カロチャ(Kalocsa)** 刺繍や**カロタセグ**※**(Kalotaszeg)** 地方に残る**イーラーショシュ(Írasos)** などが有名です。北海道より少し広い程度(ハンガリー93,030km²、北海道83,450km²)の国土ですが、30種類以上の多様な刺繍が存在します。　※現ルーマニア、旧ハンガリー領

首都ブダペストは美しい建物が多い

糸や道具のこと

特別なものは使いませんが、糸切りばさみは、先が細く尖り反り返ったものがあると、アイレットエッジ刺繍の中心の布地を小さくカットするときに便利です。イーラーショシュ用の綿糸は、井沢先生は、ルーマニア製の「VOLGA」を使用。質感は多少変わりますが、毛糸や太めの刺繍糸や刺し子用の糸(太い方)でも代用可。毛羽がなく、引っ張ってみて伸びない毛糸がおすすめです。ハンガリーの8番糸や、ハンガリーの25番糸なども使用していますが、DMCなど(それぞれ8番、25番)の糸で代用できます。

 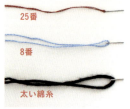

刺し始めと刺し終わり

ハンガリー刺繍では、刺し始めと終わりは玉結びなどをせず、糸端が見えないように始末します。

刺し始め

刺し埋める部分の中心あたりから刺し入れ、糸の端をぎりぎりまで引いてから刺し始める。

刺し終わり

裏で糸の内側に針を通し、返し縫いをしてから切る。
※この時、刺繍糸が表にひびかないように注意する。

Eyelet Edges
アイレットエッジ

ハンガリー南部の小さな村、シオーアガールド（Sióagárd）で広まった、刺繍のテクニックのひとつ。穴が2つ以上連続で続く場合は、全ての穴の周りをランニングステッチし、工程通りに1つずつ穴を仕上げていく。

1 図案を写し、刺し始めの始末をする（左ページの「刺し始め」参照）。穴をあける部分の周囲をランニングステッチする。はさみの先で十字に穴を開け、目打で穴を広げる。

2 ボタンホールステッチで下の部分を刺繍する。

3 続けて上の部分は巻きかがる。

4 裏側で返し縫いをして、穴と穴の交点のあたりから針を出す。

5 次の穴に穴をあけ、針を入れて穴と穴の間を1〜2回かがる。

6 同様にしてもう一つの穴も刺繍し、最後は交点にかがった部分に糸を通しながら裏側でさらに返し縫いをする（左ページの「刺し終わり」参照）。

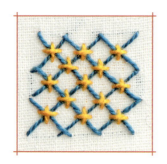

Couched trellis stitch
コーチドトレリスステッチ

17〜18世紀にかけて、ハンガリーの貴族の間で好まれたウーリ刺繍（Úri）などに用いられる技法。格子状に糸を渡して、格子の交点に十字に糸を渡してとめていく技法。コーチは「横たえる」、トレリスは「格子」の意味。

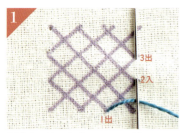

1 図案を写し、図案のとおり、斜めになるように順番に刺していく。

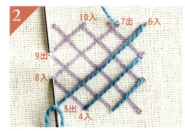

2 続けて刺したところ。

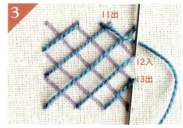

3 1、2で斜めに刺したところに対して直角に交差するように、順番に刺繍する。

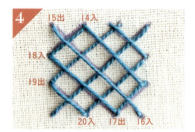

4 格子状に刺繍したところ。

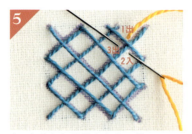

5 4の交差した部分を十字に縫いとめていく。

6 十字に縫いとめたところ。交差した部分すべてを十字に縫いとめる。

Írásos
イーラーショシュ

旧ハンガリー領のカロタセグ地方で伝わるイーラーショシュ。オープンチェーンステッチとボタンホールステッチを組み合わせた技法で、太めの綿糸で間隔を詰めて模様に仕上げる。
※ここの解説ではわかりやすくするために間隔をあけて刺繍しています。

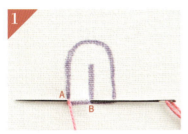

1 図案を写し、刺し始めの始末をする（P.50の「刺し始め」参照）。Aから針を出し、Bに入れAとほぼ同じ場所から針を引き出す。

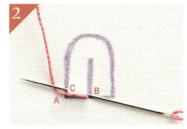

2 Bとほぼ同じ場所に針を入れ、Aの少し上（C）から針を出す。この時糸を針の下に置きながら針を引き出す。

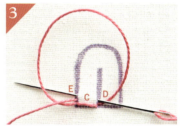

3 2の糸を引ききらずに、たるませた輪の内側（D）から針を入れ、Cの少し上（E）で輪の外側から出す。針を布に刺したまま糸を引き締める。

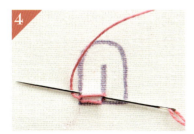

4 引き締めた糸を針の下に置き直し、針を引き出して3〜4を繰り返してオープンチェーンステッチを刺していく。

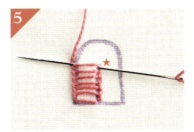

5 カーブを刺繍するときは、同じ穴（★）に針を入れ、外側を広めに間隔をあけて、ボタンホールステッチで進める。

6 続けて、ボタンホールステッチで戻る。

Hamis satin stitch
ハミシュサテンステッチ

ハンガリー刺繍でよく使われる技法で、下に刺したステッチを覆い隠しながら、少ない糸でふっくらとボリュームのあるように刺せるサテンステッチ。「ハミシュ」は「偽」という意味で「偽サテン」とも呼ばれる。

1
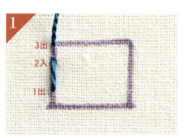

図案を写し、刺し始めの始末をする（P.50の「刺し始め」参照）。中に隠れるサテンステッチをしたところ。

2
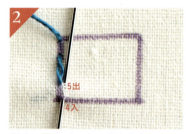

順番に刺し、1の上に重なるようにサテンステッチをする。

3

糸を引くと重ねて刺繍されている。

4

1、2と同様に図案を埋めるように刺繍していく。

5

何回か刺したところ。

6

裏はこのようになる。

Udvarhely

ウドゥヴァルヘイ
（ハミシュサテンステッチ＋コーチング＋アウトラインステッチ）

ウドゥヴァルヘイ刺繡でよく使われる技法で、3種のステッチを組み合わせたもの。ハミシュサテンステッチを留めつけるようにコーチングをし、周囲にアウトラインステッチを施す。

P.54の「ハミシュサテンステッチ」に続けて、コーチングステッチをする。ハミシュサテンステッチに対し糸を直角に渡したところ。

適当な位置で、渡した糸をとめる。

ふたたび、糸を直角に渡して、適当な位置で、渡した糸をとめる。

周囲をアウトラインステッチでとめる。

1目刺したところ。

1つの辺を刺したところ。続けて残り3辺をアウトラインステッチする。

 # Bíbor stitch
ビーボルステッチ

ハンガリーのシャールクズ刺繍で使われる技法のひとつ。ホルベインステッチの応用で、レンガ模様のように、1段ずつ縫い目が段違いになるように刺す技法。

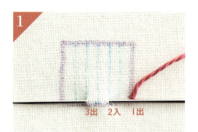

図案を写し、刺し始めの始末をする（P.50の「刺し始め」参照）。縦にステッチ幅の半分の線を均等に入れ、順番に刺す。

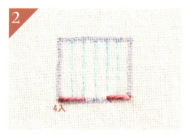

2マス分を1目として、1段めの半分を刺したところ。

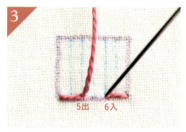

ホルベインステッチで戻り、1段めを埋める。

2段めを順番に刺していく（この図案の場合、両端は1マスになる）。

続けて順番に刺し、ホルベインステッチで戻る。

何段か刺したところ。続けて図案を埋めていく。

salvia
サルビアに教わるテクニック

水に溶けるタイプのシートの使い方

クロスステッチをするときに、布目が細かくて数えられない布などを使用する場合などは、シールタイプのキャンバスシートが便利。必要なサイズに切って貼りつけ、クロスステッチを施す。

シートを図案より大きめにカットする（ここではP.28のハンカチの1模様で紹介）。

図案をクロスステッチする。

連続して刺す。

1模様刺したところ（実際に複数の模様を刺すときは、何模様かを連続して刺繍する）。

シートの使用方法に基づいて、刺繍した布をぬるま湯に入れる。

シートを軽く指でこすって落とし、乾かす。

抜きキャンバスの使い方

クロスステッチをするときに、布目が細かくて数えられない布などを使用する場合などは、マス目の代わりとなる専用のキャンバス（抜きキャンバス）を使う。ここでは、専用のキャンバスにクロスステッチではなく、サテンステッチを施す方法を紹介。

1 刺繍する部分より大きめに、抜きキャンバスをカットし、しつけ糸で縫いとめる。右図のような玉どめが出ない方法で縫い始める。

2 キャンバスの布目に合わせてサテンステッチをする。

3 刺し終わったら、しつけをほどき、抜きキャンバスの糸を、目打ちで1本ずつ引き抜く。

アイロン接着フェルトの使い方

市販のアイロンをあてるだけで接着できるフェルトで、アップリケする方法をご紹介。

1 図案をフェルトに写し、フェルトをカットする。刺繍する布に、フェルトを貼る部分だけ図案を写す。

2 アイロンをあててフェルトを貼りつける（フェルト以外のところを写すとアイロンの熱で複写した線が、消えなくなる場合があるため）。

3 フェルトを貼る部分以外の図案を写して、刺繍する。

野花のブローチ

Photo___P.04,06

材料 1個分
- **布**__表布(リネン)12×12cm
- **糸**__オリムパス25番刺繡糸
  ひなげし(ベージュ地)324、632　(ミント地)318、811
  朝顔(薄緑地)216、283、343
  ビオラ(黄色地)284、841　(紫地)324、654
  野ばら(ライトグレー地)289、811、1601、2051
  マーガレット(グレー地)283、290、811、2051
  たんぽぽ(ブラウン地)283、841　(白地)283、413
- **その他**__接着芯　10×10cm
  ブローチ土台(クロバーくるみぼたんブローチ用
  オーバル45mm)各1個
  皮革　5×4cm
  ブローチピン　25mm　1個
  手芸用接着剤(皮革に使えるもの)

でき上がり寸法　5×4cm

作り方

1. 布地に接着芯を貼り、刺繡する。ブローチ土台を合わせ、周囲1.5cmの縫い代をとって切り、ぐし縫いする。

2. ぐし縫いを引き締めて、ブローチ土台をくるむ。

3. 縁どりをつける場合は、縁にブランケットステッチをして、その渡り糸に、針のとがっていないほうで糸を巻きつけるように針を通しながら1周する。

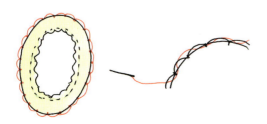

4. ブローチ土台から周囲3mmほどひかえて皮革をカットする。皮革にブローチピンを縫いつけ、ブローチの裏に手芸用接着剤でつける。

図案（200％に拡大して使用） ※指定以外、糸は3本取り。○の中の数字は糸の取り本数。刺し方は指定以外サテンS

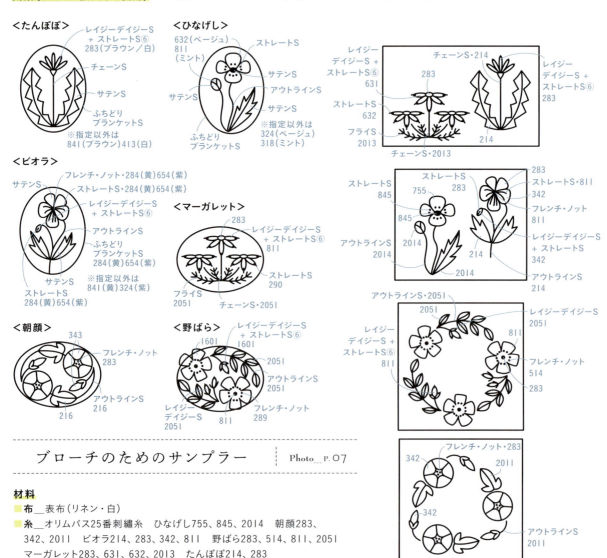

ブローチのためのサンプラー　　Photo__P.07

材料
- **布**＿表布（リネン・白）
- **糸**＿オリムパス25番刺繍糸　ひなげし755、845、2014　朝顔283、342、2011　ビオラ214、283、342、811　野ばら283、514、811、2051　マーガレット283、631、632、2013　たんぽぽ214、283

ミニポーチとメガネケース

Photo__P.08

材料(ミニポーチ)
- **布**__表布(リネン・ターコイズ)12×20cm　1枚
  裏布(コットン・カーキ)12×11cm　2枚
  接着芯　12×20cm　1枚
  口布(リネン・ターコイズ)11.5×5cm　2枚
- **糸**__オリムパス25番刺繍糸　283、342、565、632、841
- **その他**__中わた　10×18cm、ばね口金　9×1cm

でき上がり寸法　10×9cm

材料(メガネケース)
- **布**__表布(リネン・カーキ)10.5×34cm　1枚
  裏布(コットン・カーキ)10.5×20cm　2枚
  接着芯　10.5×34cm　1枚
  口布(リネン・カーキ)10.5×6cm　2枚
- **糸**__オリムパス25番刺繍糸　212、284、514、841
- **その他**__中わた　8.5×32cm、ばね口金　8×1.5cm

でき上がり寸法　8.5×16cm

寸法図　縫い代は1cm

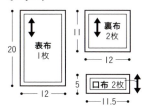

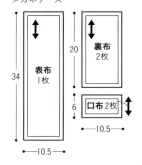

作り方

1. 表布の裏に接着芯を貼り、刺繍する。口布の短辺両側を1cmを折ってアイロンをかけ、半分に折っておく。

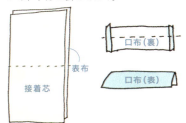

2. 裏布、口布、表布、中わたの順に重ね、入れ口を縫う。

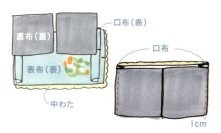

3. 表布、裏布を図のように中表に合わせる。口布は表側側に倒す。返し口を残して縫う。

4. 裏布の縫い代を裏地本体側に倒してアイロンをかける。返し口から表に返し、返し口をとじる。

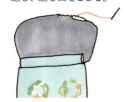

5. 口金を口布に通し、金具をとめる。メガネケースも同様に作る。

草花の数字のサンプラー

Photo__P.09

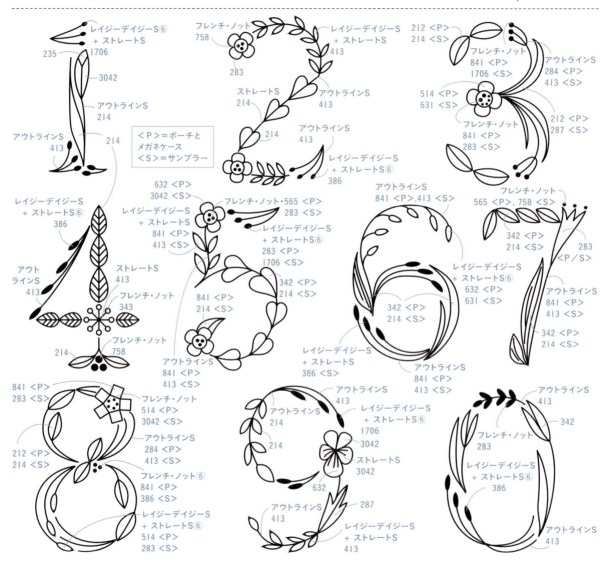

図案（125%に拡大して使用）
※指定以外、糸は3本取り。〇の中の数字は糸の取り本数。刺し方は指定以外サテンS

材料
- ■ 布＿表布（リネン・オフホワイト）
- ■ 糸＿オリムパス25番刺繍糸　214、235、283、287、343、386、413、631、758、1706、3042

小花刺繍のプルオーバー　　　　　　　　　　　　　　　　Photo＿P.10

材料
- ■ 布＿市販のプルオーバー（コットン・白）
- ■ 糸＿オリムパス25番刺繍糸
  165、283、290、318、342、631、2013

作り方
プルオーバーの肩や裾など、好みの位置に刺繍する。

図案（200%に拡大して使用）
※指定以外、糸は2本取り。〇の中の数字は糸の取り本数

＜後ろ身頃＞

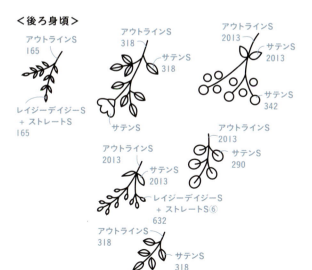

＜前身頃＞

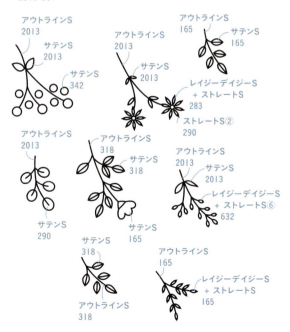

小さな草花のサンプラー

Photo__P.11

材料
- **布**__表布（リネン・白）
- **糸**__オリムパス25番刺繍糸
  283、285、324、342、564、
  632、755、841、2013、2051

実物大図案
※指定以外、糸は3本取り。
○の中の数字は糸の取り本数

サテンS 283
アウトラインS 285
サテンS 285

サテンS 2013
アウトラインS 2013

サテンS 841
アウトラインS 285

レイジーデイジーS + ストレートS⑥ 342
564

サテンS 755
サテンS 2011
アウトラインS 2011

レイジーデイジーS + ストレートS 2051
アウトラインS 2051

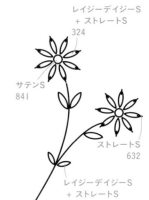
レイジーデイジーS + ストレートS 324
サテンS 841
ストレートS 632
レイジーデイジーS + ストレートS 285

白い花柄のミニバッグ

Photo___P.12

材料
- **布**__表布(リネン・ネイビー)21×22cm　2枚
  裏布(コーデュロイ・ブルー)21×22cm　2枚
  持ち手(リネン・ネイビー)4×40cm　2枚
  接着芯　21×22cm　2枚
- **糸**__オリムパス25番刺繍糸　214、485、810

でき上がり寸法　19×20cm(持ち手長さ38cm)

表布がシックな布なので、内側には少し明るめのブルーのコットンの生地を選んで。

寸法図　縫い代は1cm

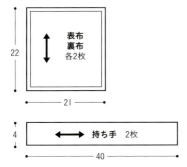

表布
裏布
各2枚
22
21
4
持ち手　2枚
40

作り方

1. 表布の裏に接着芯を貼り、刺繍する。持ち手を4つ折りにし、端にミシンをかける。

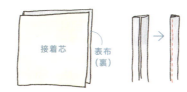

2. 表布2枚に持ち手を仮止めする。

9cm / 0.7cm

3. 表布と裏布を1枚ずつ中表に合わせ、入れ口を縫う。残りの表布と裏布も同様に縫う。

4. 3をそれぞれ開き、縫い代をアイロンで割る。2枚を中表に重ね、返し口を残してまわりをぐるりと縫う。

返し口10cm

5. 表に返して、アイロンをかけ、返し口をとじる。

実物大図案
※指定以外、糸はオリムパス25番刺繍糸3本取り

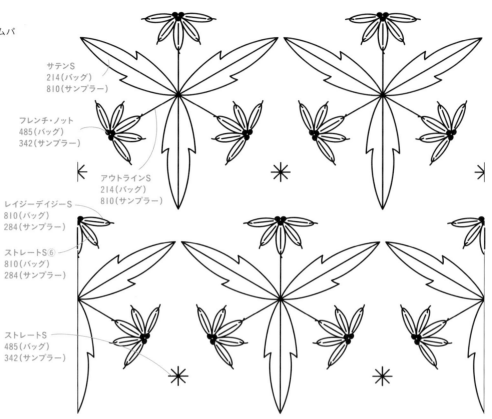

サテンS
214(バッグ)
810(サンプラー)

フレンチ・ノット
485(バッグ)
342(サンプラー)

アウトラインS
214(バッグ)
810(サンプラー)

レイジーデイジーS
810(バッグ)
284(サンプラー)

ストレートS⑥
810(バッグ)
284(サンプラー)

ストレートS
485(バッグ)
342(サンプラー)

連続模様のサンプラー   Photo__P.13

材料
- **布**__表布(リネン・色は糸の欄参照)
- **糸**__オリムパス25番刺繍糸　写真左上(からし色地)565、810　写真右上(グレー地)284、342、810
写真左下(ブルー地)218、324、810　写真右下(黄緑地)218、283、284

実物大図案　※指定以外、糸は3本取り。○の中の数字は糸の取り本数

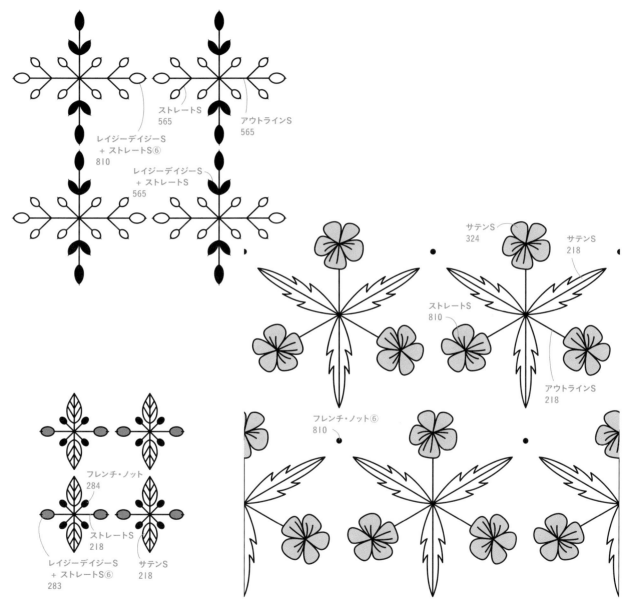

小花のキャミソール

Photo__P.14

材料
- **布**__市販のコットンキャミソール
- **糸**__DMC25番刺繡糸　2本取り
353、502、677、822、3022、3033、3041、3072、
3743、3774、3864

作り方
サンプラーの図案をキャミソールの好みの位置に写し、刺繡して仕上げる。

カロチャ刺繡のサンプラー

Photo__P.15

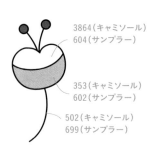
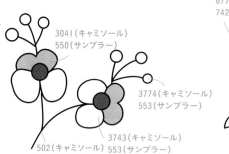
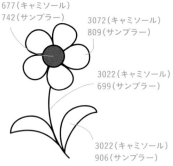
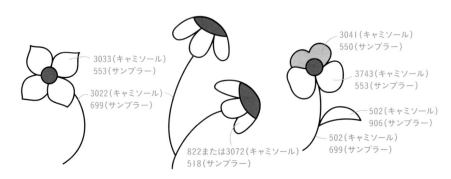

材料
- **布**__表布(コットン・白)
- **糸**__ハンガリー8番刺繡糸(番号はDMCに置き換えた色番)518、550、553、602、604、699、742、809、906

実物大図案
糸は8番刺繡糸1本取り、刺し方は茎はアウトラインS、その他はサテンS

アイレット刺繍のドイリー

Photo_ P.16

材料
- 布__表布(コットン・白)25×25cm
- 糸__ハンガリー8番刺繍糸(番号はDMCに置き換えた色番)
  517、553、602、666、742、902、3345

でき上がり寸法　直径15.5×16.5cm

作り方
図案を円形につなげて写し、刺繍をしてから周囲をカットして仕上げる。

ドイリーとオーナメントのためのサンプラー

Photo_ P.17

材料
- 布__表布(コットン・白)
- 糸__ハンガリー8番刺繍糸(番号はDMCに置き換えた色番)
  ドイリー550、517、742、902　オーナメント666、742、902、3345

実物大図案　糸は1本取り。刺し方は指定以外サテンS。
アイレットエッジ(P.50、51)。※a、b、cはオーナメント

アイレットエッジ
310(a)
223(b)
320(c)
666(サンプラー)

817(a)
743(b/c)
742(サンプラー)

817(a)
799(b)
335(c)
666(サンプラー)

310(a)
3325(b)
760(c)
902(サンプラー)

アウトラインS
310(a)、223(b)
320(c)、3345(サンプラー)

アウトラインS
3345(ドイリー)
550(サンプラー)

666(ドイリー)
902(サンプラー)

742(ドイリー/サンプラー)

902(ドイリー)
517(サンプラー)

アイレットエッジ※サテンS
517(ドイリー/サンプラー)

602(ドイリー)
517(サンプラー)

742(ドイリー)
517(サンプラー)

666(ドイリー)
517(サンプラー)

553(ドイリー)
517(サンプラー)

902
(ドイリー/サンプラー)

アイレットエッジ
※ボタンホールS
517(ドイリー)
550(サンプラー)

アイレット刺繡のオーナメント

Photo__P.16

材料 1個分
- **布**__表布(コットン・生成り)12×12cm　各1枚
  フェルト(aグレー、b水色、cピンク)7×7cm　各2枚
- **糸**__DMC8番刺繡糸　a　310、817　b　223、743、799、3325
  c　320、335、743、760
- **その他**__中わた　適量、布用接着剤

でき上がり寸法　直径5.5cm

裏面はフェルトなので、携帯電話のストラップにして汚れふきにしても便利。

作り方

1. 刺繡したら、アイレットエッジの縁に沿って布をカットする。

2. フェルト2枚を①と同じサイズに切る。※少し大きめに切ってから、①に合わせて切るとよい。

3. 刺繡糸を2色選び、30cm×3本ずつを手のひらで撚りをかけてねじり、ひもを作る。

4. フェルトの裏に③のひもを布用接着剤で貼る。

フェルト(裏)

5. フェルト2枚を外表に合わせ、縁をフェルトと同系色の糸でブランケットステッチで縫い合わせる。中にわたを詰めてとじる。

6. 刺繡した布を⑤のフェルトにまつり縫いする。アイレットエッジに使った糸と同じ色の糸を使うと縫い目が目立たない。

ポイント刺繍のフリルバッグ

Photo　P.18

材料

■ **布**＿表布(コットン・黄色柄布、水色柄布)22×27cm　各2枚
　裏布(コットン・ピンク、マスタード)22×27cm　各2枚
　持ち手(コットン・黄色柄布、水色柄布)5×59cm　各2枚
　フリル(コットン・黄色柄布、水色柄布)9×112cm　各1枚
　接着芯(薄手)22×27cm　各2枚
■ **糸**＿DMC25番刺繍糸　黄色バッグ　315、720、783、919、3051、
　3808　DMC8番刺繍糸　水色バッグ　938、ECRU

内側の布を表布とは反対色になるようなビビットなカラーを選んでコントラストをつけても。

でき上がり寸法

26×28cm(フリル含む。持ち手長さ57cm)

寸法図　縫い代は1cm

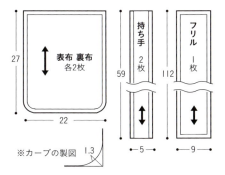

作り方

1. 表布1枚の表に刺繍し、表布2枚の裏に接着芯をアイロンで貼る。持ち手は、両端を1cm折り返してから半分に折り、両端にミシンをかける。

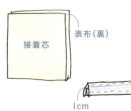

2. フリルは中表に半分に折り、両端1cmのところを縫い、表に返してアイロンをかける。大きな縫い目のステッチを2本入れてギャザーを寄せ、71cmになるように縮める。

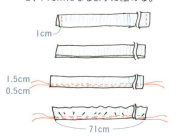

3. 表布2枚に持ち手を仮止めし、表布の3辺に、フリルのギャザーを調整しながら仮止めする。表布と裏布をそれぞれ中表に合わせ、入れ口を縫う。

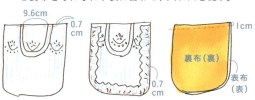

4. それぞれ開き、縫い代をアイロンで割る。2枚を中表に重ね、返し口を残してまわりをぐるりと縫う。

5. 表に返してアイロンをかけ、返し口をとじる。

バッグのためのサンプラー

Photo___P.17, 19

材料
- **布**__表布（コットン・白）
- **糸**__DMC25番刺繍糸
  上　310、580、777、823、3051、3821、919
  ハンガリー8番刺繍糸
  （番号はDMCに置き換えた色番）
  下　823、B5200

実物大図案
糸は指定以外は1本取り。○の中の数字は
糸の取り本数。刺し方は指定以外サテンS

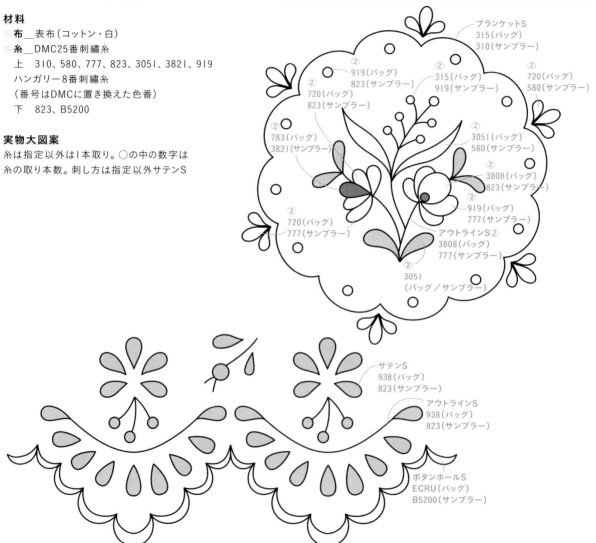

イーラーショシュのショルダーバッグ

Photo__P.20

材料
- **布**__表布フタ(リネン・生成り)26×21cm 1枚
  裏布フタ(コットン・花柄)26×21cm 1枚
  接着芯(厚手)26×21cm 1枚
  表布本体(リネン・生成り)30×40cm 1枚
  裏布本体(コットン・花柄)30×40cm 1枚
  接着芯(厚手)30×40cm 1枚
  タグ(リネン・生成り)6×7cm 2枚
- **糸**__太めの綿糸 黒
- **その他**__Dカン(25mm)2個、ショルダーひも(市販合皮・黒137cm)1本、マグネットボタン(直径1.8cm)1組

裏布は、お好みで。表のシックな雰囲気とはギャップのある、花柄で開く度に新鮮な気持ちに。

でき上がり寸法 17×24cm(ひも長さ137cm)

寸法図　指定以外の縫い代は1cm

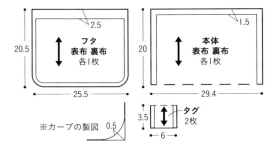

作り方

1. フタを作る。フタの表布に刺繍し、裏に接着芯をアイロンで貼る。

2. 1と裏布を中表に合わせて3辺を縫い、表に返してアイロンで形を整える。

3. タグを作る。縫い代1cmを折り、半分に折って両端を縫ったらDカンを通して半分に折り、端を縫いとめる。同様にタグをもう1個作る。

4. 表袋を作る。表布の裏に接着芯を貼り、中表に半分に折って両端を縫う。

5. まちを縫う。

6. 表に返し、入れ口を内側に折り返す。

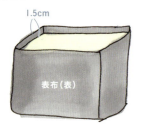

7. 裏袋を作る。表袋と同様に、裏布を中表に半分に折って両脇を縫い、まちを作って入れ口を折り返す。

8. 表袋のまちの両側に3のタグを縫いつける。

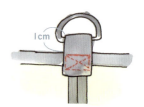

9. 表袋の入れ口に2のフタを縫いつける。

10. 表袋の内側に、裏袋を入れる。入れ口から裏布が出ないように、布用接着剤で貼る（ミシンでぐるりと縫ってもOK）。

11. フタの裏と表袋にマグネットボタンを縫いつけ、ショルダーひもをつける。

12. 好みでタッセルを作ってつける。

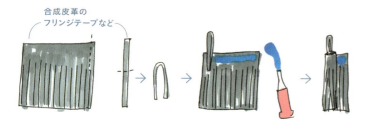

図案400%に拡大して使用（バッグ・フタ）

花の連続模様のサンプラー

Photo__P.21

図案：Dr.Illés Károlyné Botyánszki Anna

材料
■ **布**__表布（リネン・生成り）
■ **糸**__太めの綿糸
　イーラーショシュ　青
　ウドゥヴァルヘイ　赤

実物大図案
糸は1本取り。上の刺し方はイーラーショシュ（P.53）、下の刺し方はウドゥヴァルヘイ（P.55）

図案：Dr.Illés Károlyné Botyánszki Anna

花刺繍のトラベルポーチ

Photo___P.22

材料
- **布**__表布(コットン・赤柄布、ベージュ柄布)39×29cm 各1枚
  内布(コットン・生成り、キルティング)39×29cm 各1枚
  ポケットA(コットン・生成り)15×29cm 各1枚
  ポケットB(コットン・生成り)36×16cm 各1枚
- **糸**__DMC8番刺繍糸 赤柄:919、3346、726、356、315 ベージュ柄:224、642、745、ECRU
- **その他**__ファスナー(28.5cm)1本、レース(生成り・幅0.8×28.5cm)1本
  ゴム(幅0.5×28.5cm)1本、スウェード調のひも(幅0.5×40cm)2本
  市販のバイアステープ(赤柄布、ベージュ柄布) 両折12.7mm×1.4m 1本

内側は、生成りの布で統一。レースをはさみ込んで作ると、ぐっと可愛さが増します。

でき上がり寸法 28.5×19.5cm(たたんだサイズ)

寸法図 指定以外の縫い代は1cm

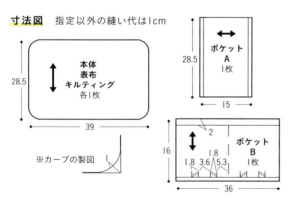

作り方

1. 本体の表布に刺繍する。

2. ポケットAの両脇をジグザグミシンで処理し、縫い代を折る。

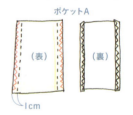

3. ファスナーの片方をポケットAの片側に縫いつけ、ファスナーのもう片方をキルティング地に縫いつける。キルティングとファスナーの縫い目を隠すようにレースを縫い、ポケットAの底部も縫いつける。

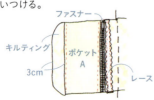

4. ポケットBにタックの印をつけて折り、タック部分を仮止めする。端にジグザグミシンをかけ、縫い代を折る。

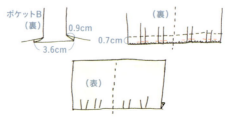

5. ポケットBの上端を三つ折り縫いし、ゴムを入れる。

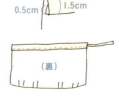

6. ポケットBをキルティングの3で縫った部分の反対側に縫いつける。

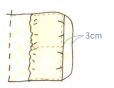

7. キルティングの両脇にひもを仮止めする。

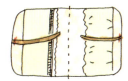

8. 表布とキルティングを外表に重ね、縁を1周仮縫いする。

9. バイアステープで挟み、手縫いでまつるかミシンで縫う。

材料
- ■ 布__表布（コットン・白）
- ■ 糸__ハンガリー8番刺繡糸
  （番号はDMCに置き換えた色番）
  517、550、742、902、3345

実物大図案

糸は1本取り、刺し方は茎はアウトラインS、その他はサテンS

919（赤柄ポーチ）
224（ベージュ柄ポーチ）
902（サンプラー）

3346（赤柄ポーチ）
642（ベージュ柄ポーチ）
3345（サンプラー）

726（赤柄ポーチ）
745（ベージュ柄ポーチ）
742（サンプラー）

356（赤柄ポーチ）
ECRU（ベージュ柄ポーチ）
517（サンプラー）

726（赤柄ポーチ）
745（ベージュ柄ポーチ）
550（サンプラー）

315（赤柄ポーチ）
224（ベージュ柄ポーチ）
517（サンプラー）

ポーチのためのサンプラー　　Photo__P.23

材料
- ■ 布__表布（コットン・白）
- ■ 糸__DMC25番刺繡糸　左　310、581、919、783、3842
  ハンガリー8番刺繡糸（番号はDMCに置き換えた色番）　右　321、823

図案（200%に拡大して使用）

糸は指定以外は1本取り。○の中の数字は糸の取り本数。ビーボルS（P.56）

図案：Dr.Illés Károlyné Botyánszki Anna

花刺繍のブラウス

Photo__P.24

材料
■ 布__市販のスモックブラウス
■ 糸__DMC5番刺繍糸　310
■ その他__レース(黒・幅1.5×60cm)2本
　　レース(黒・幅0.6×40cm)6本
　　ひも(黒・28cm)2本、タッセル(黒)2本

作り方
スモックブラウスの袖の部分に図案を写し、刺繍する。バランスをみて、レースとタッセルをつけた紐をつける。
※レース長さは服のサイズによって調整し、レースの端は1cmほど折って縫いつける。

カロチャ刺繍のサンプラー

材料
■ 布__表布(コットン・白)
■ 糸__ハンガリー8番刺繍糸(番号はDMCに置き換えた色番)
　左　310、321、742、809
　右　307、352、353、550、553、602、604、666、699、742、902、906

図案(125%に拡大して使用)
糸は1本取り、刺し方は指定以外サテンS

※ブラウスの刺繍はこの花(A)を中心にして、右側の図案を左に反転させて配置する。

バッグのためのサンプラー

Photo__P.19

材料
- 布__表布（コットン・白）
- 糸__DMC25番刺繍糸　a　310、777、3051、3821、580
  b　3022、E3821

実物大図案　糸は指定以外は1本取り。コーチドトレリスS（P.52）。
○の中の数字は糸の取り本数。刺し方は指定以外サテンS

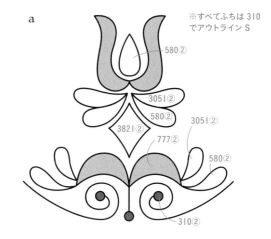

Photo__P.25

実物大図案　糸は1本取り、刺し方は指定以外サテンS

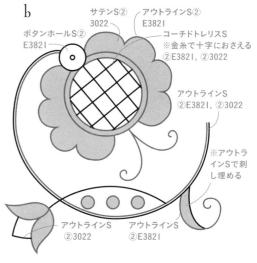

図案3点：Dr.Illés Károlyné Botyánszki Anna

宵待草のコインケース

Photo__P.26

材料
- **布**__表布（リネン・生成り）20×30cm　1枚
  裏布（コットン・ネイビー）20×30cm　1枚
- **糸**__アップルトン　クルウェルウール　923（水色）
  アンカー25番刺繍糸　278
- **その他**__がま口金（10cm）1個、紙ひも（約20cm）1本
  手芸用接着剤、つまようじ

でき上がり寸法　11.5×14cm

がま口の金具は100円ショップなどで販売していることも。内側の布は濃いめだと、汚れが目立ちにくい。

作り方

1. 表布と裏布にP.89の型紙を使って印をつける。表布に刺繍し、型紙に合わせて表布と裏布をカットする。

2. 表布を中表に折り、脇を縫う。底のマチの部分を開いて縫い、袋状にする。裏布も同様に作る。

3. 表布を表に返し、裏布の中に入れる。

4. 返し口を開けて、入れ口を一周ぐるりと縫う。返し口から表に返し、返し口をとじる。

5. 紙ひもを入れ口にあわせて2本切り、入れ口に縫いつける。

6. 口金に手芸用接着剤を詰め、紙ひも部分をつまようじなどで差し込む。口金の端をペンチなどでぐっと押さえて固定する。

コインケースのためのサンプラー

Photo__P.27

チェーンS②
278（コインケース）
884（サンプラー）

フレンチ・ノット⑥
278（コインケース）
884（サンプラー）

アウトラインS③
278（コインケース）
884（サンプラー）

チェーンS②
278（コインケース）
884（サンプラー）

サテンS①
923（コインケース）
991（サンプラー）

材料
- **布**__表布（リネン・水色）
- **糸**__アップルトン クルウェルウール　991（白）、アンカー25番刺繡糸　884

実物大図案　※○の中の数字は糸の取り本数。フレンチ・ノットは全て2回巻き

花モチーフのハンカチ

Photo＿P.28

材料
- **布**＿市販のリネンハンカチ（赤、青）
- **糸**＿アンカー25番刺繍糸　赤　2、236　青　2、233
- **その他**＿シール状のキャンバスシート　1枚

作り方
シール状のキャンバスシートを刺繍図案より大きめに切り、ハンカチの刺繍したい部分に貼る。刺繍してシートの部分をお湯に10分ほどつけた後、軽く指でこすってもみ洗いし、乾かす（P.57参照）。

ハンカチのためのサンプラー

Photo＿P.29

材料
- **布**＿表布　ルシアン ジャバクロス55（55目／10cm オフホワイト）
- **糸**＿DMC25番刺繍糸　13、233、398、1036

図案
糸は2本取り、刺し方はクロスS

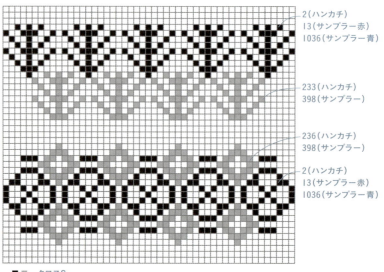

2（ハンカチ）
13（サンプラー赤）
1036（サンプラー青）

233（ハンカチ）
398（サンプラー）

236（ハンカチ）
398（サンプラー）

2（ハンカチ）
13（サンプラー赤）
1036（サンプラー青）

■ ▩ =クロスS

コスモスのエスパドリーユ

Photo__P.30

材料
■ **布**__表布　エスパドリーユ（ブルー）1足
■ **糸**__アップルトンクルウェルウール
　742（ブルー）、831（グリーン）

作り方
抜きキャンバスの中心とエスパドリーユの中心を合わせ、上端が合わさるように、抜きキャンバスを刺繍糸で縫いとめる。抜きキャンバスの目を使って、ストレートSで刺繍する。
※図のように通常の抜きキャンバスの刺繍位置よりも細かくなるように、糸の上にも刺繍する（P.58参照）。

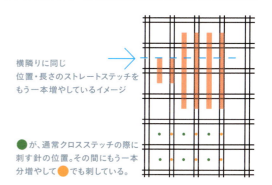

横隣りに同じ位置・長さのストレートステッチをもう一本増やしているイメージ

● が、通常クロスステッチの際に刺す針の位置。その間にもう一本分増やして ● でも刺している。

コスモスのサンプラー

Photo__P.31

材料
■ **布**__表布
　ルシアン　ジャバクロス　細目
　（45目／10cm フォレストグリーン）
■ **糸**__アップルトン クルウェルウール
　551（黄色）、562（水色）、854（オレンジ）、
　753（ピンク）

実物大図案
糸は2本取り、刺し方はストレートS

831（エスパドリーユ）
854（サンプラー写真上）
551（サンプラー写真下）

742（エスパドリーユ）
562（サンプラー写真上）
753（サンプラー写真下）

幾何学模様の花ブローチ

Photo___P.32

材料
- **布**__ルシアン　ジャバクロス　65SF
  （65目／10cm オフホワイト）
  10×10cm　各1枚
- **糸**__アンカー25番刺繡糸
  - a　295、849、1036
  - b　216、975、328
  - c　39、216、1026
  - d　147、295、398
- **その他**__ブローチ台座（丸・46mm）
  またはブローチ台座（四角・46mm）
  各1個、厚紙大（台座と同じ大きさ）
  各1個、厚紙小（丸・32mm、角・32mm）各1個、手芸用接着剤

でき上がり寸法
丸・直径46mm、角・46×46mm

作り方

1. ブローチを台座の寸法で刺繡し、フェルトを貼った厚紙大をくるんでみて、余分な部分の布を1cmくらい外側でカットする。裏でぐし縫い（P.59参照）をして形を作る。

2. 裏に手芸用接着剤をつけて布がきれいな丸い形になるように整えてとめ、厚紙小を台座との間に挟んで貼り合わせる。クリップなどで挟み、接着剤が乾くまで置く。

ブローチのための サンプラー

Photo___P.33

材料
- **布**__ルシアン　ジャバクロス
  65SF（65目／10cm オフホワイト）
- **糸**__DMC25番刺繡糸　図参照

図案
※○の中の数字は糸の取り本数。
刺し方はクロスS

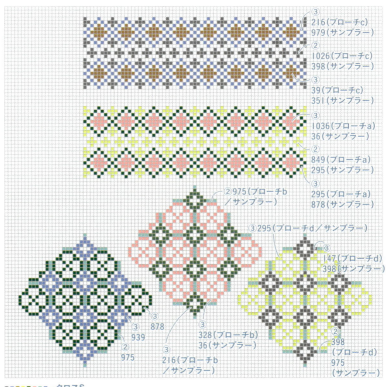

=クロスS

フェルトワッペンと刺繍の壁掛け

Photo__P.34

材料
- ■ **布**__表布(リネン・白)15×15cm　各1枚
- ■ **糸**__アップルトン　クルウェルウール　a　645(緑)、842(黄色)、946(ピンク)、991(白)　b　645(緑)、742(水色)、946(ピンク)
- ■ **その他**__アイロンフェルト　サンフェルト　a　38(水色)、43(ピンク)　b　17(黄色)
  直径9cmの刺繍枠　各1個

でき上がり寸法　直径9cm

作り方
チャコペーパーを使い、図案を布に書き写す。アイロンフェルトを図案どおりにカットし、貼りつけ、刺繍する(P.58参照)。刺繍枠にセットして裏側の余った部分をぐし縫いし、縫い代が広がらないようにする。

壁掛けのためのサンプラー

Photo__P.35

材料
- ■ **布**__表布(リネン・マゼンタ)
- ■ **糸**__アップルトン　クルウェルウール　a　551(黄色)、742(水色)、831(緑)、946(ピンク)、991(白)　b　551(黄色)、927(紺)、991(白)
- ■ **その他**__アイロンフェルト　サンフェルト　a　07(黄色)、24(白)　b　47(黄緑)

図案(125%に拡大して使用)

a

フェルト 43(壁掛け) 07(サンプラー)
フェルト 38(壁掛け) 24(サンプラー)
サテンS 946(壁掛け) 551(サンプラー)
フレンチ・ノット② 842(壁掛け) 742(サンプラー)
サテンS 645(壁掛け) 831(サンプラー)
ストレートS 991(壁掛け) 946(サンプラー)
サテンS 742(壁掛け) 991(サンプラー)
アウトラインS 645(壁掛け) 831(サンプラー)

b

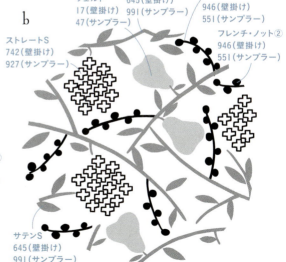

フェルト 17(壁掛け) 47(サンプラー)
アウトラインS 645(壁掛け) 991(サンプラー)
コーチングS 946(壁掛け) 551(サンプラー)
ストレートS 742(壁掛け) 927(サンプラー)
フレンチ・ノット② 946(壁掛け) 551(サンプラー)
サテンS 645(壁掛け) 991(サンプラー)

Making

花のアクセサリー

Photo__P.36

材料
- **布**__表布(リネン・生成り)10×10cm
- **糸**__オリヅル印絹ミシン糸 46(薄緑)、80(ベージュ)、83(薄茶)、84(茶)、86(緑)、93(ピンク)、114(黄緑)、186(クリーム色)、191(紫)、192(薄紫)
- **その他**__＜ブローチ＞淡水パール6mm(ピンクベージュ)1個、丸小グラスビーズ2mm(ゴールド)1個、丸小グラスビーズ2mm(クリーム)1個、スリーカットビーズ 適量、フェルト(5×4cm)2枚、プラバン(5×4cm)1枚、ブローチピン1本、ネジ2本、プラスドライバー
  ＜キーホルダー＞淡水パール4mm(オレンジ)1個、丸小グラスビーズ3mm(透明ラスター系)1個、丸小グラスビーズ2mm(ゴールド)1個、キーホルダー金具 1個　＜ネックレス＞爪付きラインストーン2mm(透明)1個、淡水パール4mm(ホワイト)1個、ネックレス金具 1個、手芸用接着剤、つまようじ

ブローチ芯型紙

でき上がり寸法
キーホルダー 直径3.8cm、ネックレス※・ブローチ5×4cm (※チェーン長さ64cm)

作り方

1. 金具のサイズに合わせて、好みでサンプラーの図案を決め、刺繍する。ブローチとネックレスは、土台より1cmくらい外側で周囲をぐし縫いし、余分な布をカットする。

2. ブローチとネックレスは、裏側からフェルト2枚とプラバンを重ねたものを入れて縫い縮め、レザーを貼る。キーホルダーは、付属の木の土台を入れ、もう1枚の木の土台を貼りつける。

プラバンとフェルト2枚

レザー

3. ブローチは、裏に目打ちで2カ所くぼみをつけ、そこにネジを入れてドライバーでブローチピンを留め、ふちにスリーカットビーズを縫いつける。

キーホルダーとネックレスは、枠の周りに少しボンドをつけ、上から被せるようにはめる。はみ出した接着剤は、つまようじで絡めとる。

実物大図案
刺し方は全てP.87サンプラーと同じ

＜ブローチ＞

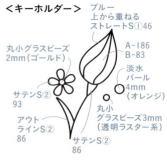

＜キーホルダー＞

＜ネックレス＞

アクセサリーのためのサンプラー

Photo__P.37

実物大図案

指定以外は全てストレートSを重ねる。
フレンチノットは全て2回巻き。

A＝ベースカラー部分2本取り→1本取り（ざっくりと2本取りで埋めてから1本取りで細部を整える）
B＝陰影部分1本取り（ベースカラーの上から重ねる）

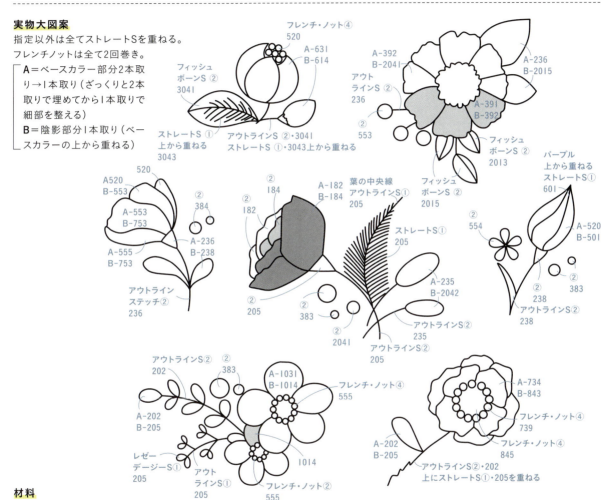

材料

- 布__表布（リネン・オフホワイト）
- 糸__オリムパス25番刺繍糸　182、184、202、205、235、236、238、383、384、391、392、501、520、553、554、555、601、614、631、734、739、753、843、845、1014、1031、2013、2015、2041、2042、3041、3043

連続模様のつけ襟

Photo__P.38

材料
- **布**__表布・裏布（コットン・白）30×20cm　各2枚
  接着芯　30×20cm　2枚
- **糸**__オリムパス25番刺繍糸　486
- **その他**__チェコビーズファイヤーポリッシュ3mm（ブルー系）
  丸小グラスビーズ2mm（パープル系パール）
  ネックレスアジャスター　1組

でき上がり寸法　内周52cm

アジャスターつきで、ディテールにもこだわった作り。黒地に白などの糸で作ってもシック。

作り方

1. 表布の裏にそれぞれ接着芯を貼り、ビーズ以外の刺繍をしたら、型紙に合わせて切る。裏布も型紙に合わせて2枚切る。

2. 表布と裏布を中表に合わせ、返し口を残してまわりをぐるりと縫う。もう1組も同様に作る。※カーブのきつい部分は、完成サイズの2mm外側の縫い代にぐし縫いをしておくと、表に返したときにきれいに仕上がる。

3. ビーズ刺繍をする。裏に縫い目が出ないように、表布と裏布の間に糸を通す。返し口をとじる。

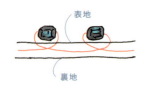 

4. 襟の前端を縫ってつなぎ、後ろにネックレスのアジャスターを縫いつける。

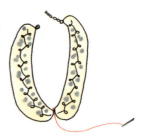

図案と型紙（200%に拡大して使用）

※糸はオリムパス25番刺繍糸486。○の中の数字は糸の取り本数。フレンチ・ノットは全て2回巻き

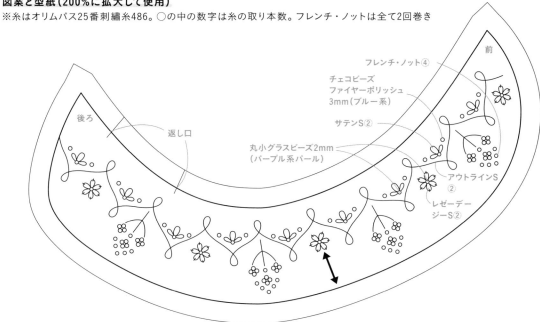

**宵待草のコインケース
型紙（200%に拡大して使用）**

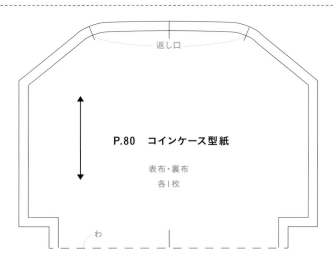

花の連続模様のサンプラー

Photo__P.39

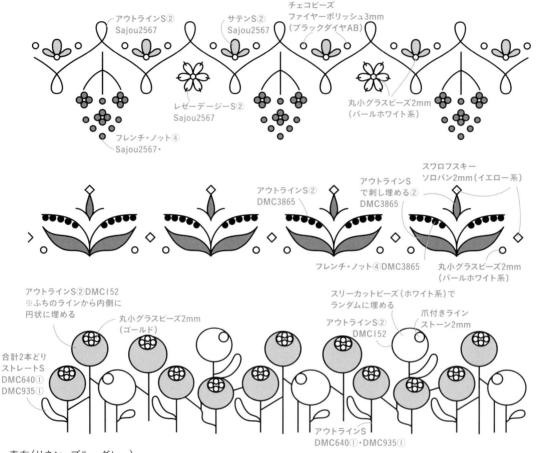

材料
- 布__表布(リネン・ブルーグレー)
- 糸__Sajou2567(マスタード)、DMC25番刺繍糸　152、640、935、3865
- その他__チェコビーズファイヤーポリッシュ3mm(ブラックダイヤAB)、丸小グラスビーズ2mm(パールホワイト系、ゴールド)、スワロフスキー ソロバン2mm(イエロー系)、スリーカットビーズ(ホワイト系)、爪付きラインストーン2mm各適量

図案(125%に拡大して使用)　※○の中の数字は糸の取り本数。フレンチノットは全て2回巻き

野花のかごカバー

Photo__P.40

材料
- **布**__表布(ウール・黒)24×16cm　1枚
  裏布(フェルト・グレー)24×16cm　1枚
  表布で作ったバイアステープ(両折りで1cm幅)80cm
- **糸**__オリムパス25番刺繍糸　287、733、737、739、2015
  DMC25番刺繍糸　640、935
  オリムパスシャイニーリフレクター(S105、S109)
- **その他**__グラスビーズ2mm(ゴールド、カッパー、透明、ブルー系、スワロフスキー　ソロバン3mm(クリスタル)、チェコビーズファイヤーポリッシュ4mm(クリスタル)、グラスパール3mm(クリーム)、グラスビーズ3mm(ゴールド)、グラスビーズ3mm(透明ラスター系)、グラスビーズ3mm(ブルーラスター系)各適量
  リネンテープ(幅4mm×26cm)4本

裏布にフェルトを使うことで、多少ずれにくくなる。かごのサイズは大きいものでも、小さいものでもお好みで。

でき上がり寸法　16×24cm

寸法図　縫い代は1cm

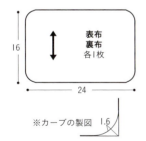

表布
裏布
各1枚

16
24

※カーブの製図　1.6

作り方

1. 刺繍した表布と裏布は寸法図の通りに角をカットする。

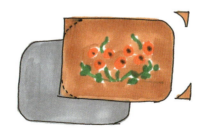

2. 1を重ね、周囲をバイアステープではさむ。その際に裏側にはリネンテープを指定の位置にはさみ込む。

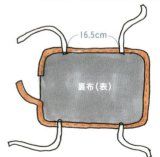

16.5cm

裏布(表)

3. バイアステープを縫いつけ、端を処理する。

野花のモチーフのサンプラー

Photo___P.41

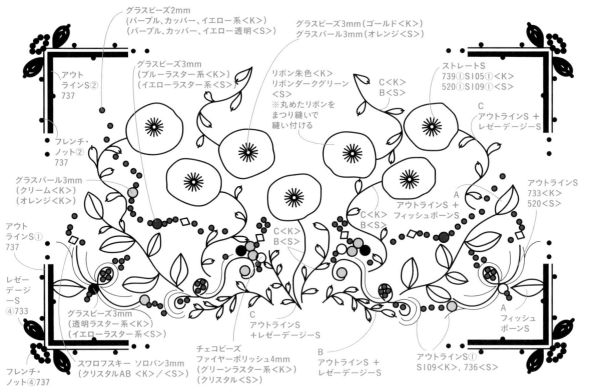

<K>=かご　<S>=サンプラー

A=733①2015①<K>737①520①<S>※合計2本どり
B=287①2015②<K>736①733②<S>※合計3本どり
C=640①935②<K>※合計3本どり

材料

- **布**＿表布（リネン・生成り）
- **糸**＿オリムパス25番刺繡糸520、733、736、737　オリムパスシャイニーリフレクター（SI09）
- **その他**＿グラスビーズ2mm（パープル、カッパー、イエロー透明）、スワロフスキー ソロバン3mm（クリスタルAB）、チェコビーズファイヤーポリッシュ4mm（グリーンラスター系）、グラスパール3mm（オレンジ）各適量

図案（170%に拡大して使用）　※○の中の数字は糸の取り本数。フレンチ・ノットは全て2回巻き

ひなぎくのカーディガン

Photo__P.42

材料
- **布**__市販のカシミアカーディガン
  フェルト(白)4cm角　8個
- **糸**__オリムパス25番刺繍糸　236、801、2015
- **その他**__丸小グラスビーズ2mm(ベージュ、ゴールド、イエロー系)、
  丸大グラスビーズ3mm(ベージュ系)、爪付きガラスストーン2mm、
  ガラスパール 2mm(クリーム)、ガラスパール 3mm(オレンジ)各適量

作り方
カーディガンの裏にフェルトを当てて、花の部分を刺繍する(刺繍枠は使わない)。刺繍ができたら、フェルトを丸くカットして整える。リーフ部分はゆるく刺繍する。

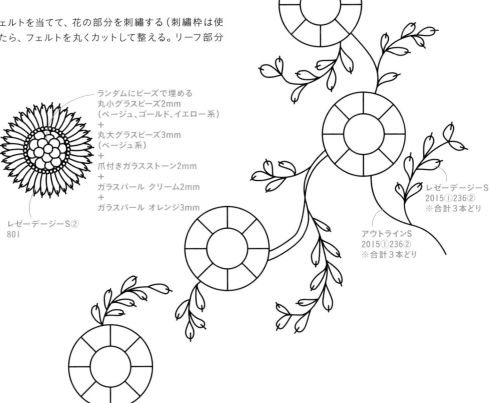

ランダムにビーズで埋める
丸小グラスビーズ2mm
(ベージュ、ゴールド、イエロー系)
＋
丸大グラスビーズ3mm
(ベージュ系)
＋
爪付きガラスストーン2mm
＋
ガラスパール クリーム2mm
＋
ガラスパール オレンジ3mm

レゼーデージーS②
801

レゼーデージーS
2015①236②
※合計3本どり

アウトラインS
2015①236②
※合計3本どり

ひなぎくのポーチ

Photo__P.42

材料

- **布**__表布(ウール・チャコール)18×16cm　2枚
  裏布(コットン)18×16cm　2枚
  フェルト(芯用)18×16cm　2枚
  まち　表布6×13cm　4枚、裏布6×13cm　4枚
- **糸**__DMC25番刺繍糸　640、935、3033
- **その他**__丸小グラスビーズ2mm(ゴールド系)、丸大グラスビーズ3mm(ゴールド、透明、パープル系)、丸大グラスビーズ3mm(透明)、竹ビーズ3mm(カッパー系)、丸小ビーズ・デリカビーズ(透明、グリーン系)、爪付きガラスストーン3mm、ガラスパール 3mm(クリーム)、スワロフスキー ソロバン 3mm(透明)各適量
  口金16×7cm　1個、樹脂製の板　6×14.5cm　1枚
  金属・プラスチック用接着剤、つまようじ

でき上がり寸法　12×19cm

作り方

1. 表布の裏にフェルト芯を貼る。表布を中表に合わせて縫い、縫い代を割り、縫い目の両脇にステッチを入れる。まちのパーツも同様に縫ってステッチを入れる。裏布は縫って縫い代を割る。

まち(表)

表布(表) / 表布(裏)
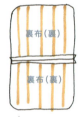
裏布(裏) / 裏布(裏)

まち(裏)

2. 表布の両脇にまちのパーツを縫いつける。

表布(裏)

3. 表袋の底に樹脂製などの底板を、接着剤で貼り、中に裏袋を入れる。

裏布(裏) / 表布(表)

4. まちのV字部分を縫い代で折り返し、まつり縫いでとじる。入れ口の余分な縫い代をカットして整える。

5. 余分な縫い代をカットし、口金に接着剤をつまようじで詰め、目打ちを使って差し込む。

型紙(400%に拡大して使用)

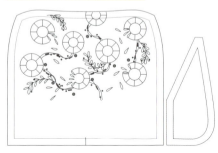

ひなぎくのサンプラー

Photo__ P.43

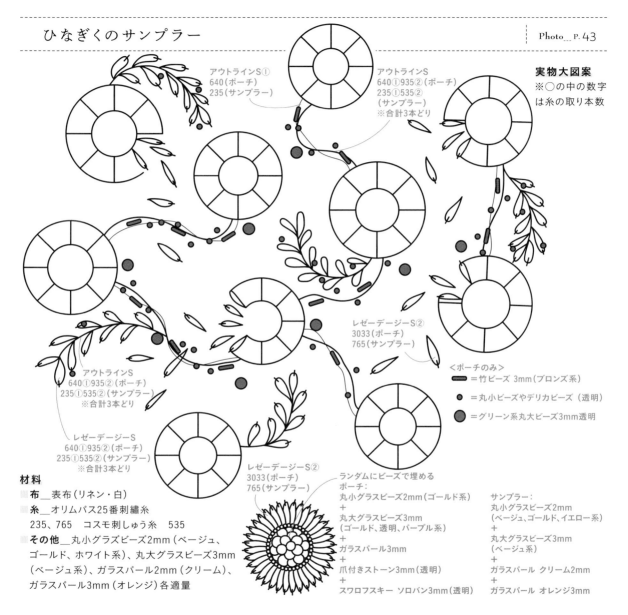

実物大図案
※○の中の数字は糸の取り本数

アウトラインS①
640(ポーチ)
235(サンプラー)

アウトラインS
640①935②(ポーチ)
235①535②(サンプラー)
※合計3本どり

レゼーデージーS②
3033(ポーチ)
765(サンプラー)

アウトラインS
640①935②(ポーチ)
235①535②(サンプラー)
※合計3本どり

レゼーデージーS
640①935②(ポーチ)
235①535②(サンプラー)
※合計3本どり

レゼーデージーS②
3033(ポーチ)
765(サンプラー)

<ポーチのみ>
= 竹ビーズ 3mm(ブロンズ系)
= 丸小ビーズやデリカビーズ(透明)
= グリーン系丸大ビーズ3mm透明

ランダムにビーズで埋める
ポーチ：
丸小グラスビーズ2mm(ゴールド系)
＋
丸大グラスビーズ3mm
(ゴールド、透明、パープル系)
＋
ガラスパール3mm
＋
爪付きストーン3mm(透明)
＋
スワロフスキー ソロバン3mm(透明)

サンプラー：
丸小グラスビーズ2mm
(ベージュ、ゴールド、イエロー系)
＋
丸大グラスビーズ3mm
(ベージュ系)
＋
ガラスパール クリーム2mm
＋
ガラスパール オレンジ3mm

材料
- 布__表布(リネン・白)
- 糸__オリムパス25番刺繍糸 235、765 コスモ刺しゅう糸 535
- その他__丸小グラスビーズ2mm(ベージュ、ゴールド、ホワイト系)、丸大グラスビーズ3mm(ベージュ系)、ガラスパール2mm(クリーム)、ガラスパール3mm(オレンジ)各適量

作品デザイン・制作	井沢りみ、salvia、マカベアリス、森本繭香
撮影	大沼ショージ
スタイリング	鍵山奈美
ブックデザイン	石川愛子
モデル	美咲ローレン
ヘアメイク	AKI
トレース	佐々木真弓
作り方解説・イラスト	佐々木素子
編集担当	鈴木理恵(TRYOUT)

印刷物のため、作品の色は実際と違って見えることがあります。ご了承ください。
本書の一部または全部をホームページに掲載したり、本書に掲載された作品を複製して店頭やネットショップなどで無断で販売することは、著作権法で禁じられています。

参考資料(P.14～25作品)
Hímzés mintagyüjtemény / Dr. Illés Károlyné著 2015
Sárközi, sióagárdi, Kapos menti hímzések / Németh Pálné著
Kalocsai virágok / Lengyel Györgyi著 1984
Korai kalocsai hímzések / Bárth János著

衣装協力
エイチ・プロダクト・デイリーウエア
(ハンズ オブ クリエイション)
TEL 03-6427-8867

プロップ協力
TITLES　TEL 03-6434-0616
UTUWA　TEL 03-6447-0070

彩る 装う 花刺繡

2018年4月1日　第1刷発行

著者	井沢りみ／salvia／マカベアリス／森本繭香
発行者	中村　誠
印刷所	図書印刷株式会社
製本所	図書印刷株式会社
発行所	株式会社 日本文芸社

〒101-8407　東京都千代田区神田神保町1-7
TEL 03-3294-8931(営業)／03-3294-8920(編集)

Printed in Japan 112180315-112180315 ®01
ISBN978-4-537-21563-2
URL https://www.nihonbungeisha.co.jp/
©NIHONBUNGEISHA 2018

編集担当　吉村

乱丁・落丁本などの不良品がありましたら、小社製作部宛にお送りください。送料小社負担にておとりかえいたします。
法律で認められた場合を除いて、本書からの複写・転載(電子化を含む)は禁じられています。
また、代行業者等の第三者による電子データ化および電子書籍化は、いかなる場合も認められていません。